W0345811

NÜTZLICHES CROSTINI-WISSEN

AUF DEM TITELBILD SEHEN SIE DAS REZEPT PARMASCHINKEN-CROSTINI MIT MELONEN-TOMATEN-TATAR VON SEITE 20.

CROSTINI FRISCH EINGETROFFEN

KLASSIKER MAL GANZ ANDERS

CROSTINI CROSSOVER

KLEINE CROSTINI-KUNDE

WAS IST EIGENTLICH DER UNTERSCHIED ZWISCHEN CROSTINI UND BRUSCHETTE?

KANN ICH DEN CROSTINIBELAG VORBEREITEN?

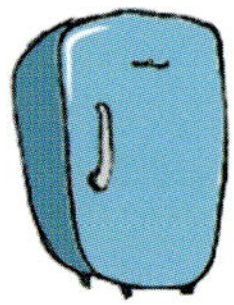

WIE RÖSTE ICH DAS BROT?

WELCHES BROT PASST AM BESTEN?

WIE VIELE CROSTINI ISST EINE PERSON?

WELCHE GETRÄNKE DAZU?

Beiden gemeinsam ist das **Rösten der Brotscheiben**. Eine Bruschetta wird danach einfach verfeinert: mit Knoblauch bestrichen und mit Öl beträufelt; mit Gemüse belegt und mit Öl beträufelt; mit Tomatenwürfeln und Öl garniert. Crostini gibt's ein bisschen edler und fast immer mit einer Creme. Und Crostoni, wie sie in Italien auch manchmal heißen, sind einfach große Crostini.

Ja, wenn er nicht warm auf die Brotscheiben kommt, lässt sich der Belag vorbereiten und bis zum Essen **im Kühlschrank lagern**. Immer frisch zupfen: die Kräuterblättchen für die Garnitur.

Es gibt drei Möglichkeiten: **der Toaster** ist ideal für kleine Mengen. **Der Backofen** (auf höchste Stufe vorheizen) eignet sich bestens für größere Mengen: Die Brote kommen immer nebeneinander auf den Rost. Oder machen Sie's wie die Italiener: einfach die Brotscheiben auf **dem heißen Grillrost** oder **in einer Grillpfanne** auf dem Herd knusprig werden lassen.

Klassisch ist Weißbrot, in der Toskana immer ungesalzenes. Die Größe der Scheiben entspricht idealerweise etwa dem Durchmesser eines Baguettes. Also gleich **das französische Stangenweißbrot** nehmen oder anderes (möglichst italienisches) Weißbrot (Vollkornbaguette oder -ciabatta geht auch) kaufen und die Scheiben eventuell noch einmal teilen. Wichtig: Das Brot sollte nicht zu fest sein, sonst wird es beim Rösten zu kompakt, aber auch nicht zu locker, sonst hat es größere Löcher, durch die der Belag rutschen kann. Statt Weißbrot geht auch mal **Toast- oder Sandwichbrot**, würzig-rustikale Beläge (zum Beispiel mit Wurst) vertragen sich gut mit Mischbrot oder nicht zu festem Vollkornbrot. **Schnelle Alternative**: bereits geröstete skandinavische Knusperbrötchen aus der Tüte. Die aber besser kalt verwenden und nicht mehr rösten.

Sind die Crostini als Vorspeise oder **Willkommensgruß** vor dem Essen geplant, reichen **3 Stück** pro Person. Für eine **kleine Mahlzeit** – zum Beispiel mit einem Salat – bereiten Sie **6 Stück** vor.

Ein Aperitif wie ein **Campari Soda** oder auch ein **trockener Martini** passen immer, aber auch Wein und Prosecco sind ideal. Zu den asiatisch gewürzten Broten schmeckt auch ein Bier.

DIE SCHNELLSTEN CROSTINI DER WELT

Es muss nicht immer eine raffinierte Creme für die kleinen Italiener sein. Ganz einfach frisches Brot und dazu ein paar feine Zutaten besorgt: schnell was Knuspriges auf die Hand!

OLIVENÖL Das würzige Öl erster Pressung kommt in fast allen Crostini-Varianten zum Einsatz. In Italien wird das frisch gepresste Öl sogar mit Knusperbrot verkostet: Will man vor allem das Öl schmecken, tröpfelt man es pur auf die gerösteten Brotscheiben und gibt allenfalls noch ein paar Körnchen Salz drauf.

KNOBLAUCH Noch mehr Geschmack bekommt das Brot mit Knoblauch. Der wird nur geschält und über das knusprige Brot gerieben, das durch die harte Kruste wie ein Reibeisen funktioniert. Die Knoblauchbrote mit Olivenöl (bitte von bester Qualität) beträufeln und gleich reinbeißen.

GETROCKNETE TOMATEN & CO. Auf die Brote mit Knoblauch und Öl passt noch mehr: in Öl eingelegte getrocknete Tomaten (eventuell etwas kleiner schneiden), grob gewürfelte Sardellenfilets in Öl, Kapern, grüne Pfefferkörner aus dem Glas. Auch fein: gehäutete Paprikaschoten aus dem Glas, in Streifen geschnitten oder Artischockenherzen in Olivenöl.

ANTIPASTI Beim italienischen Feinkostladen nach gehäuteten marinierten Paprikaschoten, gegrillten oder gebratenen Auberginen und anderen Köstlichkeiten Ausschau halten, zu Hause kleiner schneiden und auf die gerösteten Brote legen. Schmeckt immer!

PESTO Ob klassisch oder aus Bärlauch, Rucola & Co. – die würzige Kräuterpaste schmeckt super auf gerösteten Brotscheiben. Gibt noch mehr Pepp: ein paar Pinienkerne ohne Fett rösten und aufstreuen.

OLIVENPASTE Gibt's beim Italiener, im größeren Supermarkt und im Bioladen. Wird meist aus schwarzen Oliven gemacht, manchmal auch aus grünen und schmeckt immer schön würzig. Auf die heißen Brote streichen, eventuell noch mit ein paar Tomatenwürfeln oder Streifen von gehäuteter Paprika (aus dem Glas) garnieren.

KRÄUTERBUTTER Fertige Mischung kaufen und eventuell noch mit ein paar frisch gehackten Kräutern aufpeppen. Die heißen Brote damit bestreichen und warten, bis die Butter geschmolzen ist. Schmeckt übrigens auch super mit Knoblauchbutter: Zimmerwarme Butter mit frisch gepresstem Knoblauch und etwas Salz verkneten und auf die Knusperbrote streichen. Für Zitronenfans: Abgeriebene Schale von 1 Bio-Zitrone mit 1 TL scharfem Senf und 1 EL gehacktem Basilikum unter die Butter rühren.

TOPPINGS Jedes Brot macht noch mehr her, wenn es schön garniert ist. Besonders einfach sind kleine Kräuterblättchen, ebenfalls lecker und hübsch Tomaten- oder Paprikawürfel, Zucchini- oder Gurkenstreifen, entsteinte Oliven in dünnen Scheiben oder geröstete Nüsse (ohne Fett und Salz, nach Belieben zum Schluss mit wenig Chilipulver bestreuen).

CROSTINI FRISCH EINGETROFFEN

witzige Kombi

ERBSEN-CROSTINI
MIT ZITRONEN-SARDELLEN

Für die Sardellen: 40 g Sardellenfilets in Öl ++ 1/4 Bund Petersilie ++ abgeriebene Schale von 1 Bio-Zitrone ++ 1 EL Olivenöl ++ Pfeffer

Für die Erbsencreme: 1 kleine Kartoffel (ca. 100 g) ++ 170 g TK-Erbsen ++ 50 ml Gemüsebrühe (Instant) ++ 1 TL Tomatenmark ++ 1 1/2 EL saure Sahne ++ 1 TL Zitronensaft ++ Salz ++ Pfeffer

Außerdem: 12 Scheiben Baguette

Für 12 Stück | Zubereitung **30 Min.** | Pro Stück ca. **90 kcal, 4 g EW, 2 g F, 14 g KH**

1 Sardellen abtropfen lassen und in knapp 1 cm große Stücke schneiden. Petersilie waschen, trockenschütteln und ohne grobe Stiele klein schneiden. Sardellen, Petersilie und Zitronenschale mit Olivenöl mischen und mit Pfeffer abschmecken.

2 Für die Erbsencreme die Kartoffel schälen, waschen und klein würfeln. Mit Erbsen und Brühe erhitzen und bei schwacher Hitze zugedeckt in ca. 10 Min. weich kochen. Abkühlen lassen, mit Tomatenmark und saurer Sahne fein pürieren und mit Zitronensaft, Salz und Pfeffer abschmecken.

3 Die Brote im Backofen bei 250° (Umluft 220°) oder im Toaster rösten. Mit Erbsencreme bestreichen und mit der Sardellenmischung belegen. Frisch servieren.

FENCHEL-OLIVEN-CROSTINI
MIT ORANGENSCHALE

im Winter genießen

1 Fenchelknolle (ca. 300 g)
3 Stängel Petersilie
50 g grüne entsteinte Oliven
3 getrocknete Tomaten in Öl
1/2 TL Fenchelsamen
1/2 Bio-Orange
4 EL Olivenöl
Salz | Pfeffer
12 Scheiben Baguette

Für 12 Stück | Zubereitung **20 Min.** | Pro Stück ca. **105 kcal, 3 g EW, 5 g F, 14 g KH**

1 Den Fenchel waschen, putzen und der Länge nach vierteln. Den Strunk jeweils herausschneiden und die Viertel in kleine Würfel schneiden. Petersilie waschen und trockenschütteln, die Blättchen abzupfen und mit den Oliven, den getrockneten Tomaten und den Fenchelsamen klein schneiden.

2 Die Orange heiß abwaschen und abtrocknen, die Schale fein abreiben. Mit Fenchel, Petersilienmischung und Olivenöl mischen. Alles mit Salz und Pfeffer abschmecken.

3 Die Brote im Backofen bei 250° (Umluft 220°) oder im Toaster rösten. Mit Fenchel-Oliven-Tatar belegen und frisch servieren.

MEIN TAUSCH-TIPP
Wenn der Fenchel mal nicht wirklich frisch ist, nehme ich stattdessen einfach **Stangensellerie** oder **zarte Zucchini**.

super aromatisch

SCHARFE PILZ-CROSTINI

Für die Pilzpaste:
30 g getrocknete Steinpilze
2 getrocknete milde Chilischoten
100 ml Olivenöl
50 g Pinienkerne
50 g frisch geriebener Parmesan
Salz

Für die Tomaten:
2 feste Tomaten (ca. 150 g)
1/4 Bund Basilikum
2 EL Olivenöl | Salz

Außerdem:
12 Scheiben Weißbrot

Für 12 Stück | Zubereitung **30 Min.** | Quellen **30 Min.**
Pro Stück ca. **185 kcal, 5 g EW, 13 g F, 12 g KH**

1 Steinpilze in 1/4 l lauwarmem Wasser ca. 30 Min. quellen lassen. Dann abtropfen lassen und klein würfeln; den Sud durch eine Kaffeefiltertüte gießen. Die Chilischoten zerkrümeln und mit den Steinpilzen in 2 EL Öl andünsten. Den Sud angießen und alles zugedeckt bei schwacher Hitze ca. 15 Min. schmoren. Leicht abkühlen lassen.

2 Inzwischen Tomaten waschen und von den Stielansätzen befreien; die Tomaten in sehr kleine Würfel schneiden. Basilikum waschen und trockenschütteln, die Blättchen abzupfen und klein schneiden. Tomaten und Basilikum mit Olivenöl verrühren und salzen.

3 Die Steinpilze mitsamt dem Sud, dem übrigen Öl, Pinienkernen und Parmesan fein pürieren, mit Salz abschmecken.

4 Die Brote im Backofen bei 250° (Umluft 220°) oder im Toaster rösten. Mit Pilzpaste bestreichen und mit Tomatenwürfeln belegen. Frisch servieren.

WARUM WIRD DER PILZSUD EIGENTLICH GESIEBT?

Weil an den Pilzen oft kleine Sand- oder Erdreste haften, die sich beim Quellen im Wasser lösen. In einer Kaffeefiltertüte bleiben auch die kleinsten Körnchen zurück, ein normales Sieb würde nicht reichen.

LACHS-CROSTINI
MIT VANILLETOMATEN

macht was her

Für die Vanilletomaten:
200 g nicht zu kleine Cocktailtomaten
1 Vanilleschote
1 EL Olivenöl
Salz
1/2 TL Zucker
1 TL Balsamico bianco
4 Stängel Basilikum

Für den Fisch:
1/2 Bio-Zitrone
1/4 l Fischfond | 1 Lorbeerblatt
1 getrocknete Chilischote
200 g Lachsfilet
Salz | Pfeffer | 4 EL Olivenöl

Außerdem:
12 Scheiben Weißbrot

Für 12 Stück | Zubereitung **25 Min.** | Pro Stück ca. **140 kcal, 6 g EW, 8 g F, 12 g KH**

1 Backofen auf 250° (Umluft 220°) vorheizen. Die Tomaten waschen, halbieren und mit der Schnittfläche nach oben in eine feuerfeste Form legen. Die Vanilleschote der Länge nach aufschlitzen; das Mark herauskratzen, mit Olivenöl, Salz, Zucker und Balsamico verrühren und auf den Tomaten verstreichen. Die Tomaten im heißen Ofen (Mitte) in ca. 10 Min. leicht braun backen.

2 Für den Fisch die Zitrone heiß abwaschen und abtrocknen, 2 dünne Scheiben abschneiden und mit dem Fischfond und dem Lorbeerblatt in einen Topf geben. Die Chilischote mit einer breiten Messerklinge andrücken und zufügen. Die Flüssigkeit zum Kochen bringen.

3 Den Fisch im Fond bei schwacher Hitze in ca. 5 Min. gar ziehen lassen. Tomaten aus dem Ofen nehmen. Brotscheiben im Ofen auf dem Rost in ca. 4 Min. knusprig werden lassen. Den Fisch aus dem Sud heben, in Stücke zupfen, salzen und pfeffern und mit dem Öl mischen. Die Brote mit Fisch und Tomaten belegen, mit Basilikum garnieren und servieren.

SPARGEL-CROSTINI
MIT BÄRLAUCHCREME

frühlings-frisch

1/2 Bund Bärlauch
1/2 Bio-Zitrone
3 EL Olivenöl
Salz | Pfeffer
4 Stangen grüner Spargel
4 Stangen weißer Spargel
2 Frühlingszwiebeln
12 Scheiben Baguette
1 EL Pinienkerne

Für 12 Stück | Zubereitung **20 Min.** | Pro Stück ca. **100 kcal, 3 g EW, 4 g F, 13 g KH**

1 Bärlauch waschen, trockenschütteln und grob klein schneiden. Die Zitronenhälfte waschen und abtrocknen; die Schale abreiben, den Saft auspressen. Bärlauch mit Olivenöl und 1/2 EL Zitronensaft im Blitzhacker fein zerkleinern und mit Zitronenschale, Salz und Pfeffer würzen.

2 Spargel waschen und die Enden abschneiden. Weißen Spargel schälen, den grünen nur am unteren Ende schälen. Die Spargelstangen leicht schräg in sehr dünne Scheiben schneiden. Die Frühlingszwiebeln waschen, putzen und mit dem knackigen Grün in feine Ringe schneiden. Mit dem Spargel und der Bärlauchcreme mischen und salzen und pfeffern.

3 Die Brote im Backofen bei 250° (Umluft 220°) oder im Toaster rösten. Inzwischen die Pinienkerne in einer Pfanne ohne Fett goldgelb rösten. Brote mit Spargelmischung belegen, mit Pinienkernen garnieren und frisch servieren.

frisch und würzig

SALAMI-PAPRIKA-CROSTINI

1/2 rote Paprikaschote ++ 2 Frühlingszwiebeln ++ 50 g italienische Salami in dünnen Scheiben ++ 1 EL Kapern (aus dem Glas) ++ 1/2 Bund Schnittlauch ++ 2 TL Aceto balsamico ++ 2 EL Olivenöl ++ Salz ++ Pfeffer ++ 12 Scheiben Baguette ++ 3 EL Pinienkerne

Für 12 Stück | Zubereitung **15 Min.** | Pro Stück ca. **90 kcal, 3 g EW, 4 g F, 12 g KH**

1 Die Paprika putzen, waschen und noch einmal längs halbieren; dann quer in sehr feine Streifen schneiden. Frühlingszwiebeln waschen, putzen und in ca. 4 cm lange Stücke schneiden; diese ebenfalls längs in Streifen schneiden. Die Salami in dickere Streifen teilen.

2 Die Kapern abtropfen lassen und sehr fein hacken. Schnittlauch waschen, trockenschütteln und in Röllchen schneiden. Paprika, Zwiebeln und Salami mit Kapern, Schnittlauch, Balsamico und Öl verrühren. Die Salami-Mischung salzen und pfeffern.

3 Die Brote im Backofen bei 250° (Umluft 220°) oder im Toaster rösten. Pinienkerne in einer Pfanne ohne Fett goldgelb rösten. Die Brote mit der Salami-Mischung belegen und mit Pinienkernen bestreuen. Sofort servieren.

PARMASCHINKEN-CROSTINI
MIT MELONEN-TOMATEN-TATAR

fruchtig und frisch

1 Schnitz Honigmelone (ca. 150 g)
2 feste Tomaten (ca. 120 g)
1/2 Bund Basilikum
1 TL Zitronensaft
Salz
Pfeffer
12 Scheiben Baguette
80 g Parmaschinken in dünnen Scheiben

Für 12 Stück | Zubereitung **15 Min.** | Pro Stück ca. **85 kcal, 4 g EW, 2 g F, 13 g KH**

1 Das Melonenstück von den Kernen und dem faserigen Fruchtfleisch befreien und schälen. Die Tomaten waschen und vom Stielansatz befreien. Die Melone und die Tomaten sehr fein würfeln. Basilikum waschen und trockenschütteln, die Blättchen abzupfen und klein schneiden.

2 Melone, Tomaten und Basilikum mischen und mit Zitronensaft, Salz und Pfeffer abschmecken.

3 Die Brote im Backofen bei 250° (Umluft 220°) oder im Toaster rösten. Inzwischen den Schinken eventuell vom Fettrand befreien, dann in kleinere Stücke zupfen. Die Baguettescheiben mit dem Schinken belegen. Melonen-Tomaten-Tatar darauf verteilen und gleich servieren.

MEIN TAUSCH-TIPP

Wenn der Parmaschinken aus ist oder schon in viel zu dicken Scheiben in der Theke liegt, nehme ich auch mal spanischen **Serranoschinken** oder hauchdünnen **Südtiroler Speck** oder gleich einen saftigen **Kochschinken**.

KLASSIKER MAL GANZ ANDERS

aroma-
tisch und
deftig

CROSTINI
MIT WURST UND TOMATEN

2 frische italienische Würste (Salsicce, ca. 150 g; ersatzweise nicht zu stark gewürzte rohe Bratwürste) ++ 2 Tomaten (ca. 150 g) ++ 100 g Fontina, Asiago oder junger Pecorino ++ 1 TL Fenchelsamen ++ Pfeffer ++ 12 Scheiben Weißbrot ++ Basilikumblättchen zum Garnieren

Für 12 Stück | Zubereitung **20 Min.** | Pro Stück ca. **120 kcal, 5 g EW, 6 g F, 11 g KH**

1 Den Backofen auf 200° (Umluft 180°) vorheizen. Die Wurstmasse in kleinen Stücken aus der Haut drücken, eventuell noch feiner zerkleinern. Die Tomaten waschen und von den Stielansätzen befreien; die Tomaten klein würfeln. Den Käse eventuell entrinden und ebenfalls würfeln.

2 Die Wurststücke mit Tomaten, Käse, Fenchelsamen und Pfeffer (Salz ist nicht nötig) gründlich verkneten und auf den Brotscheiben verteilen. Die Brote in den heißen Backofen (Mitte) schieben und 8–10 Min. backen, bis sie schön gebräunt sind. Mit Basilikumblättchen garniert servieren.

schmeckt warm und kalt

RÄUCHERFISCH-CROSTINI
MIT SALSA VERDE

Für die Salsa verde:
1 dünne Scheibe Weißbrot (ca. 15 g)
je 1/2 Bund Petersilie und Basilikum
4 Sardellenfilets in Öl
3 Knoblauchzehen
1 1/2 EL Kapern (aus dem Glas)
4 EL Olivenöl
1/2 kleine Bio-Zitrone
Salz | Pfeffer

Außerdem:
1 geräuchertes Saiblingsfilet (ca. 120 g)
12 Scheiben Baguette

Für 12 Stück | Zubereitung **20 Min.** | Pro Stück ca. **110 kcal, 3 g EW, 5 g F, 13 g KH**

1 Für die Salsa verde das Weißbrot mit Wasser bedecken und weich werden lassen. Die Kräuter waschen und trockenschütteln, die Blättchen mittelgrob klein schneiden. Die Sardellenfilets abtropfen lassen und klein würfeln; den Knoblauch schälen und grob zerschneiden.

2 Das Brot ausdrücken und mit Kräutern, Sardellen, Knoblauch, Kapern und Olivenöl fein pürieren. Zitrone heiß waschen und abtrocknen, die Schale fein abreiben. Unter die Salsa mischen; die Salsa mit Salz und Pfeffer abschmecken. Das Saiblingsfilet von den Gräten und eventuell der Haut befreien, in Stücke zerpflücken.

3 Die Brote im Backofen bei 250° (Umluft 220°) oder im Toaster rösten. Mit Salsa verde bestreichen, mit Saibling belegen und servieren.

MÜSSEN DIE SARDELLENFILETS IN ÖL EINGELEGT SEIN?

Nein, Sardellen in Salz sind auch okay. Die aber sehr gründlich kalt abspülen oder vielleicht sogar kurz wässern. Und die Sauce ein bisschen sparsamer salzen, weil die kleinen Fischchen jede Menge davon enthalten.

PAPRIKA-CROSTINI
MIT CHILISPECK

mit Schärfe-kick

je 1 große rote und gelbe Paprikaschote
1 EL Zitronensaft | 2 EL Olivenöl
Salz | Pfeffer
3 Stängel Petersilie
100 g durchwachsener Räucherspeck
1/2 TL Chilipulver | 12 Scheiben Weißbrot

Für 12 Stück | Zubereitung **35 Min.** | Marinieren **1 Std.**
Pro Stück ca. **120 kcal, 4 g EW, 6 g F, 12 g KH**

1 Den Backofen auf 250° (Umluft 220°) vorheizen. Paprikaschoten waschen und halbieren. Stiele und Trennhäutchen mit den Kernen entfernen; die Schoten mit den Schnittflächen nach unten auf ein mit Backpapier belegtes Backblech legen.

2 Die Paprikaschoten im heißen Ofen (Mitte) ca. 15 Min. backen, bis die Haut dunkle Blasen hat. Herausnehmen, etwas abkühlen lassen und die Haut abziehen. Paprikahälften längs halbieren, dann quer in feine Streifen schneiden. Mit dem Zitronensaft, Olivenöl, Salz und Pfeffer mischen und 1 Std. im Kühlschrank durchziehen lassen.

3 Die Petersilie waschen und trockenschütteln, Blättchen abzupfen und klein schneiden. Speck erst in dünne Scheiben, dann in Streifen schneiden. In einer Pfanne ohne Fett bei mittlerer Hitze unter Rühren knusprig werden lassen. Das Chilipulver untermischen.

4 Die Brote im Backofen bei 250° (Umluft 220°) oder im Toaster rösten. Petersilie unter die Paprikastreifen rühren. Paprika auf den Broten verteilen. Den Speck etwas abtropfen lassen und auf die Paprikastreifen legen. Frisch servieren.

MEIN TAUSCH-TIPP

Manchmal esse ich lieber vegetarisch, dann lasse ich den Speck weg und streue dafür zerkrümelten **Schafkäse** (Feta) auf die Paprika-Crostini.

cremig und würzig

KALBSLEBER-CROSTINI
MIT MARINIERTEM PFIRSICH

Für die Pfirsiche:
1 gelbfleischiger Pfirsich
1 TL grüne Pfefferkörner (aus dem Glas)
2 Stängel Zitronenmelisse oder Basilikum
2 TL Zitronensaft
1 EL Olivenöl | Salz

Außerdem:
12 Scheiben Weißbrot

Für die Lebercreme:
150 g Kalbsleber
1 Möhre
1 kleine Zwiebel
1 dünne Stange Staudensellerie
3 EL Olivenöl
100 ml trockener Weißwein
1 EL Kapern (aus dem Glas)
Salz | Pfeffer

Für 12 Stück | Zubereitung **35 Min.** | Pro Stück ca. **115 kcal, 5 g EW, 5 g F, 13 g KH**

1 Pfirsich kurz überbrühen, eiskalt abschrecken und die Haut abziehen. Pfirsich halbieren, entkernen und in schmale Schnitze schneiden. Pfefferkörner abtropfen lassen. Kräuter waschen und trockenschütteln, Blättchen mit den Pfefferkörnern sehr fein hacken, dann mit Zitronensaft und Olivenöl verrühren. Leicht salzen, mit den Pfirsichschnitzen vermengen und kalt stellen.

2 Leber klein würfeln. Möhre und Zwiebel schälen, Sellerie waschen und putzen; alles sehr klein würfeln und im Öl andünsten. Leber untermischen und alles bei mittlerer Hitze unter Rühren ca. 10 Min. garen. Wein angießen, Kapern untermischen und alles so lange weitergaren, bis der Wein fast verdampft ist. Die Mischung grob pürieren, dann salzen und pfeffern.

3 Brotscheiben im Toaster oder im Backofen bei 250° (Umluft 220°) in ca. 4 Min. rösten. Mit der Lebercreme bestreichen, mit Pfirsichen garnieren und servieren.

würzig mit Curry

LINSEN-CROSTINI
MIT MARINIERTEN ZUCCHINI

Für die Linsencreme:
1 kleine Zwiebel
1 Stück frischer Ingwer (ca. 1 cm lang)
2 EL Olivenöl
100 g rote Linsen
gut 1/4 l Gemüsebrühe (Instant)
1 EL Joghurt
2 TL Currypulver
Salz

Für die Zucchini:
1 junger Zucchino (ca. 120 g)
1 TL Honigsenf (ersatzweise scharfer Senf und 1 Messerspitze Honig)
3 TL Zitronensaft | 1 EL Olivenöl
Salz | Pfeffer | 3 Stängel Minze

Außerdem:
12 Scheiben Weißbrot

Für 12 Stück | Zubereitung **30 Min.** | Pro Stück ca. **120 kcal, 4 g EW, 4 g F, 17 g KH**

1 Zwiebel und Ingwer schälen, fein würfeln und in 1 EL Öl andünsten. Linsen dazugeben und kurz mitbraten. Die Brühe angießen, einmal aufkochen und die Linsen bei schwacher Hitze zugedeckt in ca. 15 Min. gut weich kochen. Dabei eventuell noch etwas Flüssigkeit nachgießen.

2 Inzwischen den Zucchino waschen und putzen; erst in dünne Scheiben, dann in feine Streifen schneiden. Senf mit Zitronensaft, Olivenöl, Salz und Pfeffer verrühren. Zucchinistreifen untermischen. Minze waschen und trockenschütteln. Die Blättchen klein schneiden und zugeben.

3 Die Linsen lauwarm abkühlen lassen, dann mit dem Joghurt und dem restlichen Öl fein pürieren. Mit Curry und Salz abschmecken.

4 Die Brote im Backofen bei 250° (Umluft 220°) oder im Toaster rösten. Mit Linsencreme bestreichen, mit abgetropften Zucchinistreifen belegen und frisch servieren.

TUNFISCH-CROSTINI

MIT KRÄUTERSALAT

am besten gut gekühlt

Für die Tunfischcreme:

1 Dose Tunfisch im eigenen Saft (140 g Abtropfgewicht)
2 Sardellenfilets in Öl
1 EL Kapern (aus dem Glas)
2 EL Ricotta
1/2 Bio-Zitrone
Salz | Pfeffer

Außerdem:

12 Scheiben Weißbrot

Für den Kräutersalat:

1 Handvoll gemischte Kräuter (z. B. Borretsch, Rucola, Zitronenmelisse und Basilikum)
2 Frühlingszwiebeln
2 getrocknete Tomaten in Öl
2 TL Aceto balsamico
2 EL Olivenöl
Salz
1 Messerspitze Honig

Für 12 Stück | Zubereitung **20 Min.** | Pro Stück ca. **110 kcal, 5 g EW, 5 g F, 13 g KH**

1 Den Tunfisch, die Sardellen und die Kapern abtropfen lassen und grob klein schneiden. Mit dem Ricotta fein pürieren. Zitrone heiß waschen und abtrocknen, die Schale fein abreiben und unter die Tunfischcreme rühren. Mit Salz und Pfeffer abschmecken.

2 Für den Salat die Kräuter waschen und trockenschütteln. Blättchen von den Stielen zupfen und sehr fein schneiden. Die Frühlingszwiebeln waschen, putzen und der Länge nach halbieren. Quer in feine Streifen schneiden. Tomaten abtropfen lassen und klein würfeln. Den Balsamico mit dem Öl, Salz und Honig gründlich verrühren. Kräuter, Zwiebeln und Tomaten untermischen.

3 Die Brote im Backofen bei 250° (Umluft 220°) oder im Toaster rösten. Mit Tunfischcreme bestreichen, mit Kräutersalat garnieren und frisch servieren.

WAS HEISST EIGENTLICH DELFINFREUNDLICH GEFANGEN?

Wenn sich die Tunfisch-Fischer verpflichten, beim Fang von Tunfisch darauf zu achten, dass sich keine Delfine in den Netzen verfangen, können sie das auf der Dose vermerken. Wer sich daran hält, können Sie auch im Internet nachlesen (www.delfinschutz.org).

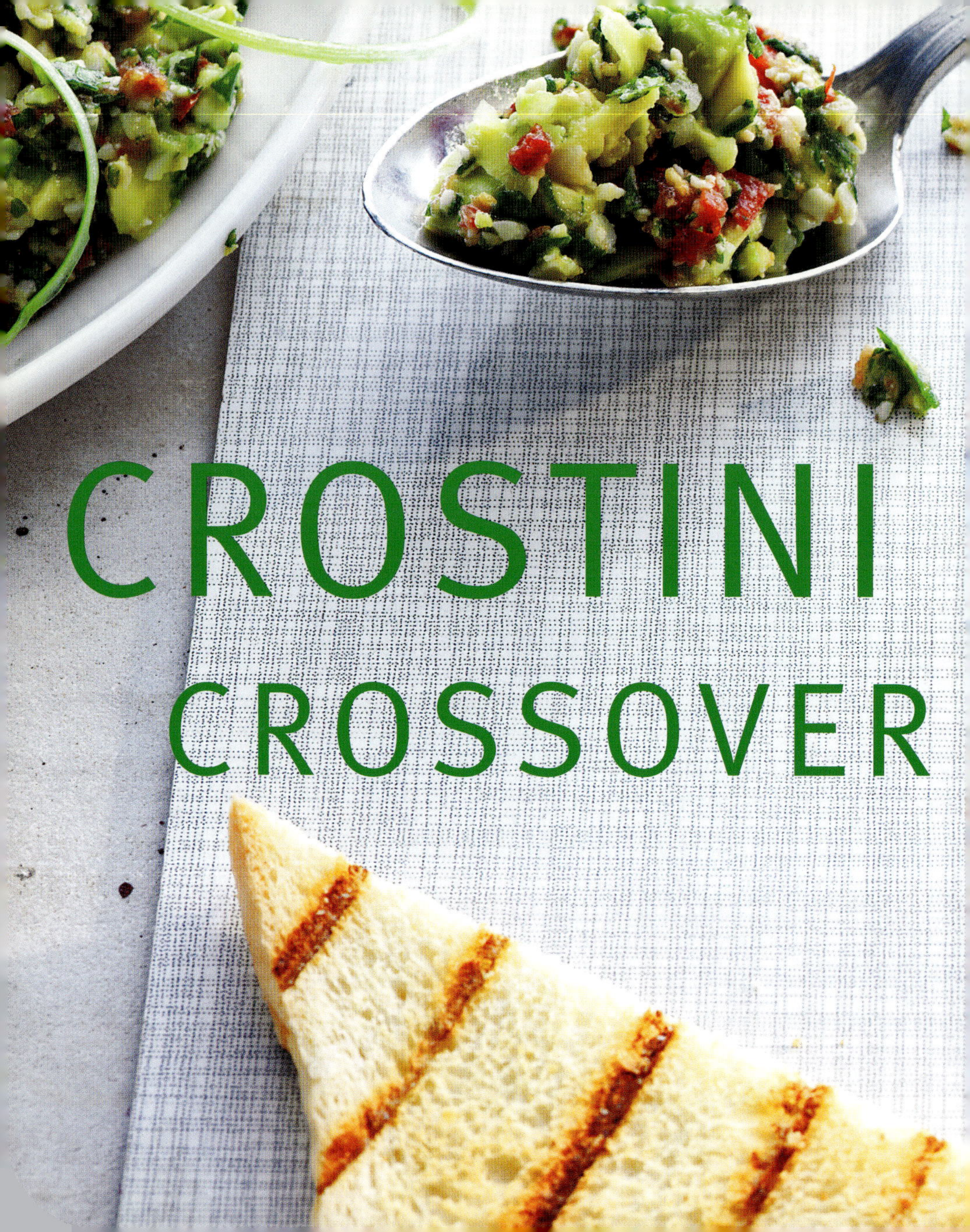
CROSTINI
CROSSOVER

angenehm würzig

AVOCADO-KÄSE-CROSTINI
MIT KORIANDER

1 kleine reife Avocado (ca. 200 g) ++ 2 EL Zitronensaft ++ 1 Frühlingszwiebel ++ 1 frische rote Chilischote ++ 100 g junger Gouda ++ 1 Tomate ++ 1/2 Bund Koriandergrün ++ 4 EL Olivenöl ++ Salz ++ 6 Scheiben Toastbrot

Für 12 Stück | Zubereitung **20 Min.** | Pro Stück ca. **145 kcal, 4 g EW, 11 g F, 8 g KH**

1 Avocado rundherum bis zum Kern einschneiden, Hälften gegeneinanderdrehen und auseinanderlösen. Kern entfernen, die Hälften schälen und klein würfeln. Mit dem Zitronensaft mischen.

2 Frühlingszwiebel waschen und putzen. Die Chilischote waschen, von Stiel und Kernen befreien. Zwiebel und Chili sehr fein schneiden. Käse entrinden. Die Tomate waschen und vom Stielansatz befreien. Tomate und Käse fein würfeln. Den Koriander waschen und trockenschütteln, die Blättchen abzupfen und fein schneiden.

3 Avocado, Zwiebelmischung, Käse, Tomate und Koriander mit dem Olivenöl verrühren und mit Salz abschmecken. Die Brote diagonal durchschneiden und im Backofen bei 250° (Umluft 220°) oder im Toaster rösten. Den Avocadosalat darauf verteilen und frisch servieren.

ASIA-CROSTINI

erfrischend und ganz leicht

1 Stück Weiß- oder Spitzkohl (ca. 140 g)
1 Möhre
1 Frühlingszwiebel
1 Stück frischer Ingwer (ca. 1 cm lang)
1 frische rote Chilischote
2 Stängel Minze | Salz
1 TL Zucker
100 g gegarte kleine Garnelen
1 EL Fischsauce oder helle Sojasauce
1 EL Limettensaft
6 Scheiben Toastbrot
1 EL neutrales Öl

Für 12 Stück | Zubereitung **30 Min.** | Pro Stück ca. **65 kcal, 3 g EW, 2 g F, 9 g KH**

1 Den Kohl waschen. Die Blätter auseinanderlösen, die dicken Mittelrippen herausschneiden und die Blätter in feine Streifen schneiden. Die Möhre putzen, schälen und erst in dünne Scheiben, dann in feine Streifen schneiden. Frühlingszwiebel waschen, putzen und in ca. 4 cm lange Stücke schneiden, diese ebenfalls in Streifen schneiden.

2 Den Ingwer schälen und klein würfeln. Die Chilischote waschen, von den Kernen befreien und fein schneiden. Die Minze waschen, trockenschütteln und die Blättchen ebenfalls fein schneiden. Das Gemüse mit Ingwer, Chili und Minze mischen. Salz und den Zucker dazugeben und alles kräftig miteinander verkneten. 15 Min. ziehen lassen.

3 Die Garnelen abtropfen lassen, mit der Fischsauce und dem Limettensaft abschmecken und eventuell leicht salzen. Die Brotscheiben diagonal durchschneiden.

4 Den Kohlsalat mit dem Öl mischen und eventuell noch nachwürzen. Die Brote im Backofen bei 250° (Umluft 220°) oder im Toaster rösten. Kohlsalat darauf verteilen und mit den Garnelen belegen. Sofort servieren.

ROASTBEEF-CROSTINI
MIT SCHARFER KIRSCHKONFITÜRE

fruchtig-pikant

Für die Kirschkonfitüre:
250 g Kirschen
2 kleine milde getrocknete Chilischoten
2 EL Zucker (ca. 25 g)
3 EL Aceto balsamico
Salz

Für die Brote:
1 Bund Rucola
150 g gegartes Roastbeef in dünnen Scheiben
1 EL Olivenöl
12 Scheiben Weißbrot

Für 12 Stück | Zubereitung **30 Min.** | Pro Stück ca. **105 kcal, 5 g EW, 2 g F, 17 g KH**

1 Für die Konfitüre die Kirschen waschen, vom Stiel befreien und entkernen. Kirschen vierteln. Chilischoten zerkrümeln und mit Kirschen, Zucker und Balsamico in einem Topf erhitzen. Offen bei starker Hitze 8–10 Min. garen, bis die Kirschen weich werden und die Flüssigkeit sämig eingekocht ist. Mit Salz abschmecken und abkühlen lassen.

2 Inzwischen Rucola von welken Blättern und dicken Stielen befreien, waschen und gut trockenschütteln. Rucola grob klein schneiden. Das Roastbeef vom Fettrand befreien und in Stücke zupfen. Rucola und Roastbeef mit dem Öl mischen.

3 Die Brote im Backofen bei 250° (Umluft 220°) oder im Toaster rösten. Mit der Roastbeef-Mischung belegen, mit Kirschkonfitüre garnieren und warm servieren.

MEIN TAUSCH-TIPP

Statt Roastbeef ganz **dünne Kalbsschnitzel** in brotgroße Stücke schneiden, in Öl und Butter ganz kurz braten und mit Rucola auf die Brote legen. Auch gut zur Konfitüre: **würziger Käse,** zum Beispiel Gorgonzola oder Roquefort.

würzig und fruchtig

HÄHNCHEN-CROSTINI
MIT GRANATAPFELKERNEN

200 g Hähnchenbrustfilet
300 ml Hühnerbrühe (Instant)
1/2 Bio-Zitrone
4 EL Olivenöl
je 1/2 TL rosenscharfes Paprikapulver, gemahlener Kreuzkümmel und Koriander
1 TL Ras-el-Hanut (marokkanische Gewürzmischung; ersatzweise Garam masala)
2 Knoblauchzehen
1/4 Bund Koriandergrün
Salz | 1/2 Granatapfel
12 Scheiben Weißbrot

Für 12 Stück | Zubereitung **30 Min.** | Pro Stück ca. **115 kcal, 7 g EW, 4 g F, 12 g KH**

1 Das Hähnchenfleisch kalt abspülen und trockentupfen. Die Brühe in einem Topf erhitzen. Hähnchenfleisch darin offen bei schwacher Hitze in ca. 10 Min. gar ziehen lassen. Lauwarm abkühlen lassen, abgetropft in Würfel schneiden.

2 Die Zitrone heiß waschen und abtrocknen, die Schale fein abreiben, den Saft auspressen. Das Hähnchenfleisch mit 2 EL Saft, dem Olivenöl und ca. 3 EL Brühe fein pürieren. Die Gewürze und die Zitronenschale gründlich untermischen. Den Knoblauch schälen und klein würfeln. Den Koriander kalt abspülen, trockenschütteln, die Blättchen abzupfen und klein schneiden. Beides unter die Hähnchenpaste mischen und diese mit Salz abschmecken.

3 Den Granatapfel in Stücke brechen, die Kerne über einer Schüssel aus den Trennhäutchen lösen, den abtropfenden Saft auffangen. Saft unter die Hähnchencreme rühren.

4 Die Brote im Backofen bei 250° (Umluft 220°) oder im Toaster rösten. Mit Hähnchencreme bestreichen und mit Granatapfelkernen garnieren.

BOHNEN-CROSTINI MIT CHILIHONIG

einfach lecker

1 Bund gemischte Kräuter (z. B. Zitronenmelisse, Thymian, Borretsch, Oregano und Petersilie)
1/2 Bio-Zitrone
1 Dose gegarte weiße Bohnen (240 g Abtropfgewicht)
3 1/2 EL Olivenöl
Salz | 1 frische rote Chilischote
2 Knoblauchzehen
1 EL Honig
12 Scheiben Weißbrot

Für 12 Stück | Zubereitung **20 Min.** | Pro Stück ca. **115 kcal, 3 g EW, 4 g F, 16 g KH**

1 Kräuter waschen und trockenschütteln, Blättchen abzupfen und grob klein schneiden. Zitrone heiß waschen; die Schale fein abreiben, Saft auspressen. Bohnen abtropfen lassen und mit den Kräutern, 3 EL Öl und 1 EL Zitronensaft fein pürieren. Mit Salz abschmecken.

2 Die Chilischote waschen, vom Stiel befreien und mit den Kernen sehr klein schneiden. Den Knoblauch schälen und klein würfeln.

3 Das übrige Olivenöl schwach erhitzen. Chili und Knoblauch darin andünsten, aber den Knoblauch nicht braun werden lassen. Zitronenschale und Honig dazugeben, alles gut mischen und auf der abgeschalteten Herdplatte warm halten.

4 Die Brote im Backofen bei 250° (Umluft 220°) oder im Toaster rösten. Mit der Bohnencreme bestreichen, mit Chilihonig beträufeln und frisch servieren.

asiatisch und würzig

SOJAFISCH-CROSTINI
MIT INGWER-RETTICH

1 Stück Rettich (ca. 250 g)
1 Stück frischer Ingwer (ca. 2 cm lang)
2 Knoblauchzehen
300 g dünne Fischfilets
(z. B. Forellen- oder Saiblingsfilets, Schollenfilets, dünne Scheiben Tunfisch oder Schwertfisch)
1 EL Zitronensaft
2 EL neutrales Öl
Salz
3 EL Sojasauce (ca. 50 ml)
2 EL Sesamöl
Chilipulver nach Geschmack
6 Scheiben Toastbrot
ca. 24 Blättchen (Thai-)Basilikum zum Garnieren

Für 12 Stück | Zubereitung **20 Min.** | Pro Stück ca. **90 kcal, 6 g EW, 3 g F, 9 g KH**

1 Den Rettich schälen und erst in dünne Scheiben, dann in Streifen schneiden. Den Ingwer schälen, die Hälfte davon ebenfalls erst in Scheiben, dann in Streifen schneiden.

2 Den Knoblauch schälen und mit dem restlichen Ingwer durch die Knoblauchpresse drücken. Den Fisch mit dem Zitronensaft beträufeln.

3 In einer Pfanne 1 EL Öl erhitzen, den Rettich darin mit den Ingwerstiften unter Rühren 3–4 Min. bei mittlerer Hitze braten. Salzen und herausnehmen. Das übrige Öl erhitzen, die Forellenfilets darin kräftig anbraten. Sojasauce mit Sesamöl, gepresstem Ingwer, Knoblauch und Chilipulver verrühren und dazugießen. Einmal aufkochen und ca. 1 Min. kräftig kochen lassen.

4 Die Brote diagonal halbieren und im Backofen bei 250° (Umluft 220°) oder im Toaster rösten. Den Fisch aus der Pfanne nehmen und mit einer Gabel in Stücke zupfen. Auf den Broten verteilen, mit Rettich und Basilikumblättchen garnieren und frisch servieren.

Die Autorin

Cornelia Schinharl hat ihre Liebe zum Essen und Trinken zum Beruf gemacht. Seit vielen Jahren bringt sie ihren Erfahrungsschatz als freie Food-Journalistin und Kochbuchautorin zu Papier und hat dafür schon zig Auszeichnungen bekommen. Ihr besonderes Interesse gilt den Küchen fremder Länder – allen voran Asien und Italien.

Der Fotograf

Jörn Rynio zählt internationale Zeitschriften, namhafte Buchverlage und Werbeagenturen zu seinen Auftraggebern. Mit klarem Stil, einer großen Portion Kreativität und appetitanregendem Styling setzt der Hamburger Fotograf Food stimmungsvoll in Szene. Tatkräftig unterstützt wird er dabei von seinen Stylisten **Thomas Lauterbach**, **Petra Speckmann** (Food) und **Michaela Suchy** (Requisite).

Bildnachweis

Titelfoto und U4: Klaus-Maria Einwanger, Rosenheim;
alle anderen: Jörn Rynio, Hamburg

Die Temperaturangaben bei Gasherden variieren von Hersteller zu Hersteller. Welche Stufe Ihres Herdes der jeweils angegebenen Temperatur entspricht, entnehmen Sie bitte der Gebrauchsanweisung. Bei Elektroherden können die Backzeiten je nach Herd variieren.

© 2007 GRÄFE UND UNZER VERLAG GmbH, München

Alle Rechte vorbehalten. Nachdruck, auch auszugsweise, sowie Verbreitung durch Film, Funk, Fernsehen und Internet, durch fotomechanische Wiedergabe, Tonträger und Datenverarbeitungssysteme jeglicher Art nur mit schriftlicher Genehmigung des Verlages.

Programmleitung: Doris Birk
Leitende Redakteurin:
Stephanie Wenzel
Redaktion: Alessandra Redies
Lektorat: Bettina Bartz
Korrektorat: Stefanie Doll
Layout, Typographie und Umschlaggestaltung:
Lucie Schmid, independent Medien-Design, München
Illustrationen Seite 4, 48 und U3:
Betti Trummer, Karlsruhe
Satz: Filmsatz Schröter, München
Herstellung: Gloria Pall
Reproduktion:
Penta Repro, München
Druck und Bindung:
Druckhaus Kaufmann, Lahr

ISBN 978-3-8338-0662-9

1. Auflage 2007

DAS ORIGINAL MIT GARANTIE

G|U

DAS ORIGINAL MIT GARANTIE

Ihre Meinung ist uns wichtig. Deshalb möchten wir Ihre Kritik, aber auch Ihr Lob erfahren, um als führender Ratgeberverlag noch besser zu werden. Darum schreiben Sie uns! Wir freuen uns auf Ihre Post und wünschen Ihnen viel Spaß mit Ihrem GU-Ratgeber.

Unsere Garantie: Sollte ein GU-Ratgeber einmal einen Fehler enthalten, schicken Sie uns das Buch mit einem kleinen Hinweis und der Quittung innerhalb von sechs Monaten nach dem Kauf zurück. Wir tauschen Ihnen den GU-Ratgeber gegen einen anderen zum selben oder ähnlichen Thema um.

GRÄFE UND UNZER VERLAG

Redaktion Kochen & Verwöhnen

Postfach 86 03 13
81630 München
Fax: 0 89/4 19 81-113

oder schreiben Sie uns eine E-Mail:
leserservice@graefe-und-unzer.de

GRÄFE UND UNZER

Ein Unternehmen der
GANSKE VERLAGSGRUPPE

100 JAHRE GANSKE VERLAGSGRUPPE

GU Just Cooking

Die brandneuen »Klein, aber oho!«-Kochbücher

Preis je Band: 4,90 € [D]

ISBN 978-3-8338-0664-3
48 Seiten

ISBN 978-3-8338-0665-0
48 Seiten

ISBN 978-3-8338-0661-2
48 Seiten

Das macht sie so besonders:

Einfach einsteigen – mit ein, zwei Happen Küchenpraxis

Einfach loskochen – mit gelingsicheren Rezepten

Einfach gut essen – und voll im Trend genießen

Willkommen im Leben.

Änderungen und Irrtum vorbehalten.

ÜBER DEN TELLERRAND

 **1 Der Ur-Crostino** war schlicht und ergreifend ein Tellerersatz. Denn bis ins 17. Jahrhundert wurden auch bei Festgelagen die Speisen auf großen Tabletts gereicht, einen Teller für jeden gab es nicht. Man griff sich also ein Stück Brot, legte den gewählten Happen drauf und verspeiste beides. Leckerer Nebeneffekt: mit sämiger Sauce vollgesogen war die Brotscheibe nicht einfach nur Unterlage, sondern echter Genuss. 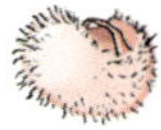 **2 Luxus-Puder** Weil Mehl teuer war, war es auch das Brot – und darum beides im antiken Rom nur für Betuchte erschwinglich. Brot gab's zum Essen, das Mehl verwendeten die Damen, um sich das Näschen zu pudern.  **3 Die ersten ihres Standes** Kochen ist heute mega-in, Backen dagegen gilt vielen als etwas »angestaubt«. Im antiken Rom war das ein wenig anders: Die ersten Berufsköche waren (Brot-)Bäcker! 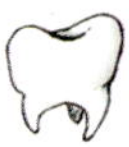 **4 Reste-Essen** Jeden Tag frisches Brot – in früheren Zeiten undenkbar. Die wenigsten hatten einen eigenen Ofen; Brotbacken war eine Gemeinschaftsaktion im öffentlichen Backhaus. Und die passierte nur zwei- bis dreimal im Monat. Ganz klar, dass auch noch der här-